孩 子 也 能 懂 的 前 沿 科 技

超燃 新科技

大视野科普
易 乐 文 ｜著绘

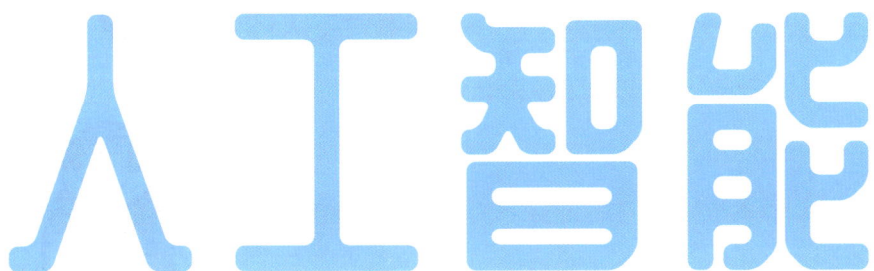

人工智能

CS 湖南少年儿童出版社 · 长沙
HUNAN JUVENILE & CHILDREN'S PUBLISHING HOUSE

如何阅读这本书 # 搞定一关又一关，迈向更高阶！

我是和大家一样朝气蓬勃的新时代少年！

我是带领你们迈向更高阶的神秘存在！

第一关

什么是人工智能？人工智能是如何诞生的？

现在

围绕人工智能领域颇具代表性的 ChatGPT，展示人工智能的发展历程和目前的发展水平。

第二关

人工智能更新迭代的基本条件是什么？

一起了解人工智能发展不可或缺的各项技术，包括大数据、计算机和通信技术等。

技术

"更高阶"是什么意思？
这意味着"不可比拟的，更好、更先进的……"
换句话说，就是更高的一个层次！
与书中的"我"一起，完成基础关，
迈向人工智能领域的更高阶吧！

第四关

第三关

我们可以制定战略，理智地应对即将到来的人工智能时代。
这样，我们就进入了更高阶！

哪些企业将主导市场？未来产业和我们的社会将随之发生怎样的变化呢？

产业

在"更高阶"中，了解人工智能将对我们每个人产生什么样的影响，我们将面临什么样的问题。

探索企业竞相拥入人工智能开发领域的原因，预测落后的企业将面临怎样的命运。

未来

目 录

第一羊 ChatGPT！你是谁？
生成型人工智能和人工智能的发展

第二羊 大数据和计算能力
人工智能的核心技术

我们所有人的
人工智能

不知从何时起，原本只在科幻电影中登场的人工智能，出现在了我们生活中的各个角落。

ChatGPT（美国公司 OpenAI 开发的基于人工智能的聊天机器人）的出现更是令人惊异。

ChatGPT 不仅能理解人类的语言，可以对长篇的文字进行概括，还能将其翻译成外文，甚至可以根据语言描述自动绘制相应的图画。

人工智能到底是如何做到这些的，又能做到什么程度呢？这本书的创作初心就是向大家一一解答这些疑问。

经过对人工智能 30 余年的研究，我们积累了许多想传授给青少年的知识和经验。

我们将这些内容集结在这本书中，希望对孩子们有所帮助。

首先，我们将一起了解拥有近 70 年历史的人工智能的真实身份，以及与人工智能有直接或间接联系的大数据和超级计算机。

接着，我们将探索受到人工智能影响的各个领域，包括第四次工业革命、自动驾驶汽车、元宇宙、碳足迹等。

最后，我们将思考人工智能带来的问题——工作岗位减少、收入不均衡、虚假新闻和反伦理的超级人工智能，并一起探讨其危害和应对策略。

在当今世界，别说专家了，哪怕只是一个普通人，如果不能正确理解和使用人工智能，都可能寸步难行。

希望这本书能够帮助大家理解人工智能和此前的科学技术有何不同以及为何不同。

理解了这些，我们就可以预测人工智能的发展对每个人乃至整个社会带来的积极和消极的影响。

同时，希望这本书能成为广大青少年的向导，帮助大家站在人工智能这个巨人的肩膀上，翘首展望并迈向未来。

2023 年，全世界因 ChatGPT 而沸腾。

GPT 是基于提前学习的数据而进行生成的人工智能程序，在前面添加 "Chat" 是因为它可以生成对话。

聊天型人工智能并不是第一次出现，但为什么 ChatGPT 一露面就火爆全球？

让我们一起寻找原因，探索人工智能的秘密吧！

ChatGPT! 你是谁?

生成型人工智能和人工智能的发展

只有我不知道ChatGPT吗?

上周科学课的作业，"畅读改变世界的发明"，蔡彬带了7份。

自动写诗的程序？

开启新对话　**ChatGPT**

以天空为主题，模仿13岁少年的口吻写一首诗。

以天空为主题，模仿13岁少年的口吻写一首诗。

无垠的大海，蔚蓝的波涛，印在少年的眼眸里。
沙滩上的足迹，见证了少年的午后。

以朋友为主题写一首诗。
要模仿13岁少年的情感，还要有趣一些。

朋友啊，我们在太阳底下欢笑。
我们用脚掌感受绿油油的草原。
那些追逐影子的，自由自在的日子呀。

朋友啊，我们分享了各自的秘密。
我们躲在星光下，探索梦境深处。
我们驱散黑暗，用星光描绘动人的故事。

朋友啊，我和你，我们是一体的。
你和我，像两颗星，穿过天空，一起
踏上少年的舞台，向着梦想奔跑。

013

ChatGPT, 你是谁?

我们通常把通过互联网通信，使用键盘实时交换文字信息进行对话的过程叫作"聊天"。

ChatGPT 中的"Chat"是一个英文单词，意思是谈话、闲聊。

GPT 是 Generative Pre-trained Transformer 的首字母缩写。

Generative 是"生成"的意思。

Pre-trained 是"提前学习"的意思。

Transformer 是人工智能学习程序中的一种。

所以 GPT 是以提前学习的数据为基础进行生成的人工智能程序。

你可能想问，GPT 提前学习了什么？又生成了什么呢？

GPT 提前学习的和生成的内容正是我们使用的语言。

一言以蔽之，ChatGPT 是以 GPT 为基础的聊天型人工智能程序，它的核心是生成型人工智能 GPT。

想要创造人工智能，我们首先需要一个能够理解我们语言的程序。

只有听懂了我们所说的话，才能和我们进行对话或者完成指令，不是吗？

所以，研究人工智能的科学家们在自然语言处理方面下了很大的功夫。

自然语言处理是指利用计算机来理解、搜索、翻译和处理我们使用的语言，即自然语言的技术。

我们在门户网站上进行搜索和翻译，向智能手机或导航仪发出语音命令，与人工智能音箱或聊天机器人对话，实际上都是在使用基于自然语言处理技术的服务。

这些程序刚面世的时候，人们的反应不过是："如果使用翻译软件，去国外旅行会更方便吧。""如果聊天机器人可以代替人工客服就好了。""如果有人工智能秘书的话，安排日程就更方便了。"

大概，就是这种程度。

但是 ChatGPT 一登场，人们无不为之震惊，"哇"声不绝于耳。

准确来说，早在 2019 年 GPT-2 发布的时候，人们就为之惊叹了。

GPT-2 是 GPT-1 发布 1 年后的升级版。

人们在 GPT-2 中输入了下面这句话。

问　一辆载有受管控核材料的火车今天在辛辛那提被盗，目前不知去向。

然后 GPT-2 就像人一样，自动续写了下面的内容。

答　此次事件发生在运行于科文顿和阿什兰站之间的经过市中心的列车线路上。美国能源部在发给俄亥俄州相关媒体的电子邮件中表示，正在与联邦铁路局合作寻找逃犯。

这既符合新闻的格式，内容也像模像样。

然而，事实上压根就没有发生装载核材料的火车被盗的事件！

举座皆惊。

这样的人工智能是前所未有的！

在之后的一年里，GPT 得到了进一步的提升。

2020 年发布的 GPT-3 不仅可以撰写新闻报道，还可以创作戏剧、小说等文学作品！

而后，在 2022 年 11 月 30 日随着 ChatGPT 的推出一同发布的 GPT-3.5 再一次让人们大开眼界。

因为，它居然通过了美国大学入学考试和美国律师资格考试等高难度考试！

在 2023 年 3 月，GPT-4 发布。

这家伙更是令人瞠目结舌。

GPT-3.5 只是勉强通过了美国律师资格考试，而GPT-4 则是以排名前 10% 的优异成绩通过的。

以总分为 1600 分的美国大学入学考试 SAT 为例，GPT-3.5 的阅读和写作获得了 670 分，数学获得了 590分，而 GPT-4 的阅读和写作获得了 710 分，数学获得了700 分。

如果说 GPT-3.5 是美国高三考生中排名前 16%~19%的水平，那么 GPT-4 则是排名前 4%~7% 的尖子生。

而在医学知识自我诊断中，GPT-3.5 的正确率为53%，GPT-4 则达到了 75%。

人们的惊讶无以言表。

惊人之处还不止这些，GPT-4 甚至还可以识别图像。

我们不仅可以直接用文字形式对它提问："用鸡蛋、牛奶、面粉、盐和白糖能制作什么呢？"也可以输入类似下面这样的图片，接着进行提问："用这些材料能制作什么呢？"

用这些材料能制作什么呢？

然后，它给出了这样的回答。

答 关于用这些材料能制作什么，有很多选项！比如薄煎饼、华夫饼、可丽饼、法式吐司、煎蛋卷、菜肉馅煎蛋饼、乳蛋饼、蛋奶冻、布丁、蛋糕、松饼、面包、曲奇等，这里仅举几个例子，但可能性是无限的。

此外，它的语言能力和创造力也令人惊叹。

在被要求依次用以 A~Z 为首字母的单词介绍童话故事《灰姑娘》的情节时，它给出了如下回答：

A Beautiful Cinderella, Dwelling Eagerly, Finally Gains Happiness; Inspiring Jealous Kin, Love Magically……

（一位美丽的灰姑娘，渴望着栖身之所，最终收获了幸福；令亲人都感到嫉妒，如魔法般的爱情……）

此后，这类人工智能如雨后春笋般出现。

许多我们耳熟能详的公司也开发了类似 GPT 的人工智能，并推出了类似 ChatGPT 的人工智能服务。

世界顶尖企业的人工智能与服务

开发 GPT 和提供 ChatGPT 服务的企业是 2015 年成立的一家名为 OpenAI 的公司。

有些人可能没听说过 OpenAI 这家公司，但提起埃隆·马斯克大家就不陌生了，这是他与合作伙伴联合创立的公司。不过，2018 年埃隆·马斯克出售了他在 OpenAI 的全部股份，离开了 OpenAI。微软（Microsoft）接替了他的位置，为 OpenAI 投资了超过数百亿元人民币。

在开发 GPT 的同时，OpenAI 还推出了一款名为"DALL·E 2"的人工智能。

DALL·E 2 是一款会画画的人工智能，它的绘画技艺十分高超。

我们可以用文字向它提出要求。

问　请用照片的形式展示宇航员骑马的画面。

随后，我们得到了如下图片。

答

© DALL·E 2

看，它真的画出了宇航员骑马的图片。

它甚至理解了这句话的含义。

DALL·E 2 不仅可以生成新图像，还可以修改现有图像。

请在下图中放置火烈鸟。

原图片

放置火烈鸟的图片 1　　放置火烈鸟的图片 2　　放置火烈鸟的图片 3

© DALL·E 2

如图所示，DALL·E 2 在室内游泳池放置了火烈鸟游泳圈，在室外放置了真正的火烈鸟，甚至连火烈鸟的倒影也完美地呈现了出来。

它不仅能理解我们的语言，还能在执行命令的时候遵循我们所生活的世界的习惯和自然规律。

多么聪明的人工智能啊。

原来，DALL·E 2 是自然语言处理人工智能与图片生成人工智能相结合的产物。

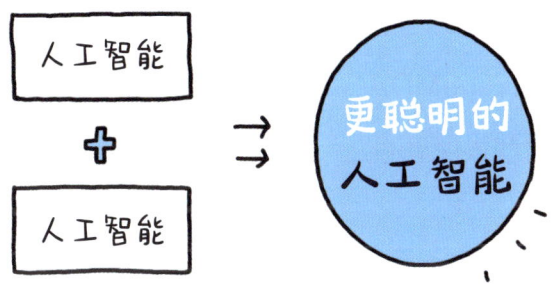

除此之外，OpenAI 还开发了可以将人类语音转换为文本的语音识别人工智能——耳语（Whisper）。

据说耳语可以识别 99 种语言并将其转换为英语。

不难想到，耳语也需要基于 GPT 才能发挥作用。

然而，OpenAI 并不是唯一一家推出人工智能和相关服务的公司！

作为全球最大搜索网站的谷歌（Google）紧随其后，在稍晚一些的 2023 年 3 月，推出了一款名为 Bard 的聊天型人工智能程序。

Bard 是基于谷歌自主开发的 LaMDA 而开发的。

如果说 Bard 是像 ChatGPT 一样的聊天型人工智能程序，那么 LaMDA 就是像 GPT-4 一样的生成型人工智能。

Meta（原名 Facebook）也不甘示弱，迅速基于自主开发的生成型人工智能 LLaMA 推出了 Meta AI，向 OpenAI 和谷歌发起了挑战。

GPT-4、LaMDA、LLaMA 都是基于自然语言处理技术的生成型人工智能。

中国知名的互联网公司——百度也推出了文心一言（ERNIE Bot）作为与 ChatGPT 抗衡的产品。

腾讯则推出了腾讯混元大模型（Tencent Hunyuan）。

阿里巴巴和华为也正在基于自有的语言模型创建聊天机器人。

杭州深度求索推出的 AI 助手 DeepSeek，于 2025 年 1 月 15 日正式上线，迅速引来了全世界的关注。

韩国也有 NAVER 的 HyperCLOVA、Kakao 的 KoGPT、LG 的 EXAONE 等人工智能。

但是，这样的人工智能是如何创造出来的呢？

我们先来简单了解一下人工智能的历史和制造原理吧。

人工智能的发展历程 和技术原理

人工智能的历史其实非常悠久。

"人工智能"这个词最早是在 1956 年被创造出来的，当时第一台电子计算机刚刚诞生大约 10 年。

因为计算机的计算速度非常之快，人们不禁开始思考："有没有可能制造出拥有人类智慧的计算机呢？"

这并不是一件容易的事。

专家们开始编写程序、输入数据，但仅凭这些还不足以制造出具有人类智慧的计算机。

为什么会这样呢？

当一个 5 岁的孩子看到一只猫时，他很快就能分辨出来这是一只猫。

但想让人工智能识别猫，就必须告诉它猫是什么，告诉它猫的准确定义。

但猫是什么呢？

眼睛亮闪闪的，用四只脚行走，会喵喵叫，有长长的尾巴……

想让人工智能识别猫，就需要这样详细的说明。

说明是无穷无尽的。

很快，人们发觉人工智能似乎无法识别猫，于是对它的关注度也逐渐降低。

不知从何时起，关于人工智能的研究被当成了"放羊的孩子"。

一会儿说"狼来了"，一会儿说"狼要来了"，但都只是说说，实际上并没有像样的成果。

但是，科学家们没有放弃对人工智能的研究。

1990年，随着互联网的普及，研究取得了飞速的进展。

尤其是机器学习（Machine Learning）得到了突出的发展。

机器学习，顾名思义，就是人工智能的学习方法，一般有三种方式。

第一种是同时给出问题和答案。

比如，给人工智能展示猫的图片，然后告诉它："这是猫！"

像这样，在学习了成千上万张猫的图片之后，人工智能会逐渐了解猫是什么。

第二种是只给出问题。

向人工智能展示猫、狗、骆驼、鹰等动物的图片。

然后，由人工智能提取每种动物的特征，将所有的猫归为一类，将所有的狗放在一起……

也就是说，让人工智能自行归纳特征。

第三种是给予激励。

如果人工智能正确区分了猫、狗、骆驼等动物，就给予分数。

如果错了，就不给予分数或给予低分。

这样，人工智能会朝着获得更多分数的方向进行自我优化。

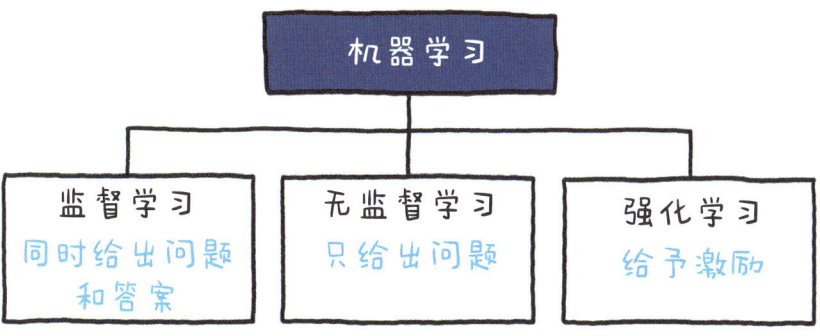

为了进一步提高人工智能的学习能力，科学家们还参考了人脑的神经网络结构。

我们的智力活动和身体活动都是通过一种叫作神经元的细胞相互交换化学刺激和电刺激而进行的。

将信息输入到一个神经元时，其结果会从另一端输出到相连的神经元，然后以同样的方式传输到下一个神经元。

神经元之间交换刺激的连接点叫作突触。

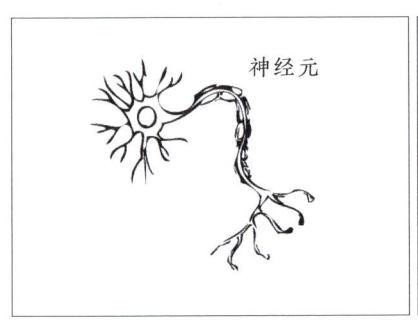
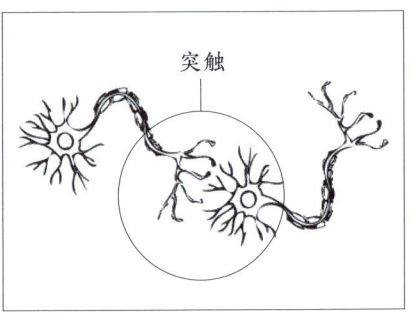

神经元

突触

© 维基文档

这一系列的所有过程都是化学作用和电作用，但这些作用发生的原因仍未可知。

我们只是推测我们的智力活动和身体活动是基于这种机制而发生的。

人工智能研究者们参考这种结构创建了人工神经网络。

在下面的图片中，我们用圆圈表示神经元，用箭头（参数）表示突触。

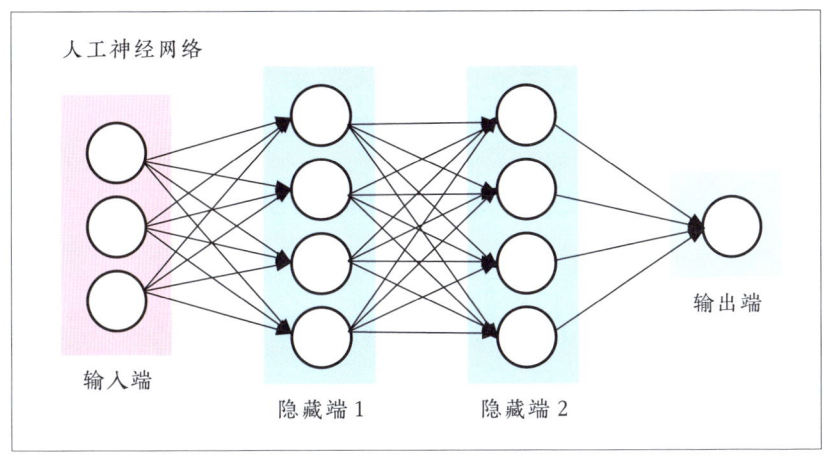

人工神经网络

输入端

隐藏端 1　　隐藏端 2

输出端

　　在我们大脑的神经网络中，所有的输入和输出都是通过化学作用和电作用进行的。

　　但在人工神经网络中，这些输入和输出则是由人工智能专家编写的公式计算得来的。

　　而实际上，我们是否擅长某件事情是由我们大脑中突触的强度决定的。

　　不管是学习英语还是投篮，都是通过反复的练习，不断增强大脑中连接神经元的突触的强度的过程。

　　人工神经网络也模仿了这一点。

在人工神经网络中，各个箭头的强度是不同的。

每个箭头的强度被设置为未知数，需要通过学习确定其具体值，就像我们大脑的神经网络一样。

如此，箭头的数量，或者说未知数的数量也大大增加了。

这样就可以表达非常复杂的输入和输出关系，从而解决各种问题。

这种人工智能的学习方法就是深度学习（Deep Learning）。

2016 年，阿尔法围棋（AlphaGo）与韩国九段棋手李世石进行围棋对决，使得深度学习名声大噪，深度学习成为人工智能学习方法的代名词。

创建 GPT 的程序也使用了深度学习，即人工神经网络。

事实上，科学家们很早就开发出了人工神经网络。

但直到 2010 年，这项技术才开始崭露头角并日益发展。

为什么会这样呢？

接下来，我们就来寻找原因吧。

人工智能的研究始于 1956 年，在 20 世纪 90 年代后期崭露头角，2010 年前后开始正式取得成果。

随着互联网和通信技术的发展以及智能手机的普及，大量的数据涌现。

这就是我们通常所说的大数据。

接下来，让我们一起了解什么是大数据，大数据和人工智能之间有什么关系吧。

同时，我们还会接触到对人工智能的发展和进步至关重要的计算能力和通信技术。

大数据和计算能力

人工智能的核心技术

人工智能时代的"原油"——大数据

人工智能学习需要"数据"。包括深度学习在内的机器学习便是一种基于数据的学习方法。

20世纪90年代，随着互联网的普及，产生了大量的数据，人工智能技术也得以发展。

玫瑰

百合

迎春花

波斯菊

杜鹃花

牵牛花

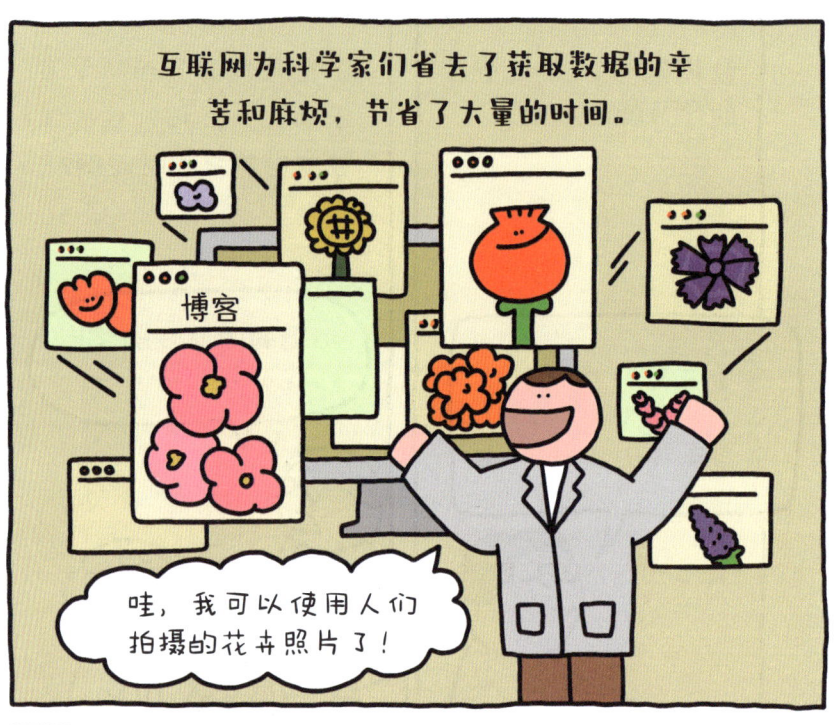

得益于如此海量的数据，人工智能研究才能够走上今天的轨道，甚至催生了这样一种说法：

大数据是人工智能时代的"原油"！

大数据

原油？

通过精炼原油，可以得到汽油、煤油、柴油等石油产品！

数据是什么呢？

	语文	数学	英语	科学
景秀				
明珍				
修仁				
南仪				

	首尔	伊斯坦布尔	伦敦	洛杉矶
景秀				
明珍				

数据包括像这样以表格形式存在的信息，这种数据被称为"结构化数据"。
但互联网上还存在着很多非结构化数据。

我们写的文章、拍的照片、画的画、记录的声音等都不是表格形式的。
它们是在上传到互联网时才被数字化的，这些都是数据。

我们的行为也会变成数据。

我们的银行卡使用记录、搜索历史、视频和电影观看
记录等都是数字化的数据。
这样的数据被称为"非结构化数据"。

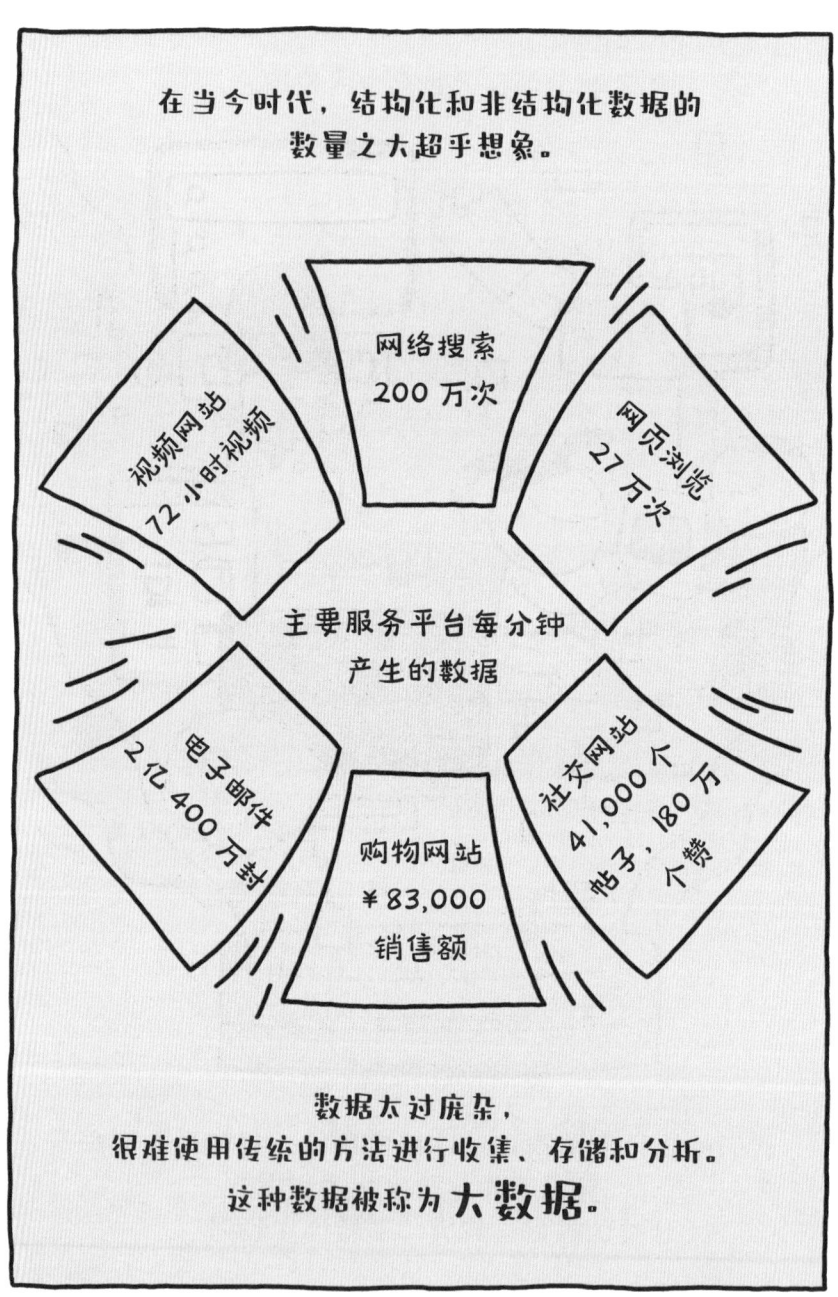

在当今时代，结构化和非结构化数据的
数量之大超乎想象。

网络搜索
200 万次

视频网站
72 小时视频

网页浏览
27 万次

主要服务平台每分钟
产生的数据

电子邮件
2 亿 400 万封

购物网站
¥83,000
销售额

社交网站
41,000 个
帖子，180 万
个赞

数据太过庞杂，
很难使用传统的方法进行收集、存储和分析。
这种数据被称为 大数据。

在互联网普及之前，大多数数据都是由专家创造的。

但是现在呢？
当然，专家仍然在创造数据，但是像我们这样的普通人创造的更多。

数据（Data）就是财富（Money）吗？

我们创造的数据是如何被使用的呢？

当我们使用互联网进行搜索时，搜索的内容会变成数据……进入提供搜索服务的公司的数据库。

当我们在社交网站上上传文字和图片时，上传的内容会变成数据……进入提供社交网站服务的公司的数据库。

当我们在智能手机上使用应用程序时，使用记录会变成数据……进入智能手机制造商的数据库。

当我们带着智能手机四处行走时，通信公司的基站会获取手机的位置，位置信息会变成数据……进入通信公司的数据库 💻 。

收集此类数据的不仅仅是提供信息通信和互联网服务的公司。

当我们使用银行卡时，使用明细也会变成数据……进入银行的数据库 💻 。

你听说过 OTT（Over The Top）吗?

这是一种通过互联网观看电影和电视节目的服务。

当我们在 OTT 上观看电影或电视节目并留下点赞和评分时，浏览记录会变成数据……进入 OTT 服务公司的数据库 💻 。

当我们购买电视、冰箱或接受售后服务时，所有的记录都会变成数据……进入电子产品制造公司的数据库 💻 。

我们去医院接受检查和治疗时，医疗记录会变成数据……进入医院的数据库 💻 。

企业和机构以这种方式收集数据，并将所有数据存储在自己的数据库之中，然后分析和处理这些数据以创造价值。

这意味着什么呢？

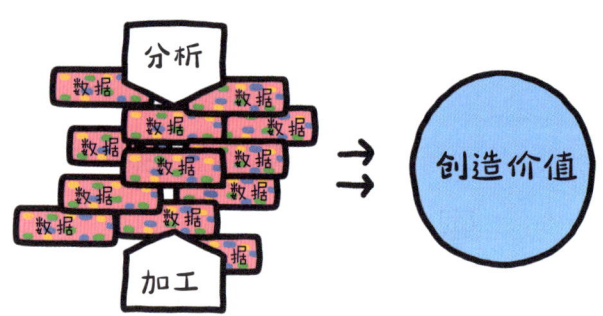

我们在互联网上搜索信息。

搜索的内容，代表我们对某个领域感兴趣，对吧？

比如说，搜索宠物狗的人很有可能想养一只小狗或者已经在养狗。

如果对这些人宣传狗粮或宠物用品，他们购买的可能性就更高。

另外，还可以通过一个人写的文章、评论，点的赞等了解他的喜好。

根据个人喜好来确定投放什么样的广告，效果不是更好吗？

所以谷歌、百度和 NAVER 等搜索网站都试图了解人们的兴趣和喜好。

这些都是有用的数据。

各种社交媒体软件和购物网站也是如此。

这些互联网企业收集和分析用户的兴趣、喜好等数据，为用户提供定制广告，然后向相关企业收取巨额广告费或向用户销售产品。

通信公司也在想方设法地获取用户数据。

比如说，我们拿着智能手机四处移动时，通信公司可以知道我们的位置。

积累了这些数据，再按照年龄、性别等特征进行分类，不就能知道各类人群经常去的地方了吗？

这样的数据可以为想做生意的人提供信息，告诉他们在哪里适合做哪种生意；也可以为参与竞选的政治家提供信息，告诉他们去哪里开展活动可以争取什么样的选民。

这些信息都可以出售。

换句话说，数据可以变成金钱。

除了互联网企业和通信公司，其他企业也在进行数据收集。

例如，信用卡公司可以通过客户的支付信息了解客户在哪里购买了什么、花了多少钱。

有了这些信息，信用卡公司可以针对客户感兴趣的产品做广告，为客户提供他经常购物的地方的优惠信息，以此吸引客户更多地使用信用卡消费。

银行和保险公司也可以根据客户使用各种产品的数据，向客户介绍适合他的金融或保险产品。

生产汽车和电子产品的公司则在工厂安装了大量传感器来收集数据。

分析这些数据，就能知道在什么情况下容易出现不良品，并避免造成此类情况。

也就是说，数据可以用来降低生产成本。

所以越是大企业，就越想收集更多的数据，把这些数据储存在自己的数据库中，然后对数据进行分析和加工，来创造价值。

从事这项工作的人被称为"数据科学家"或者"数据挖掘师"。

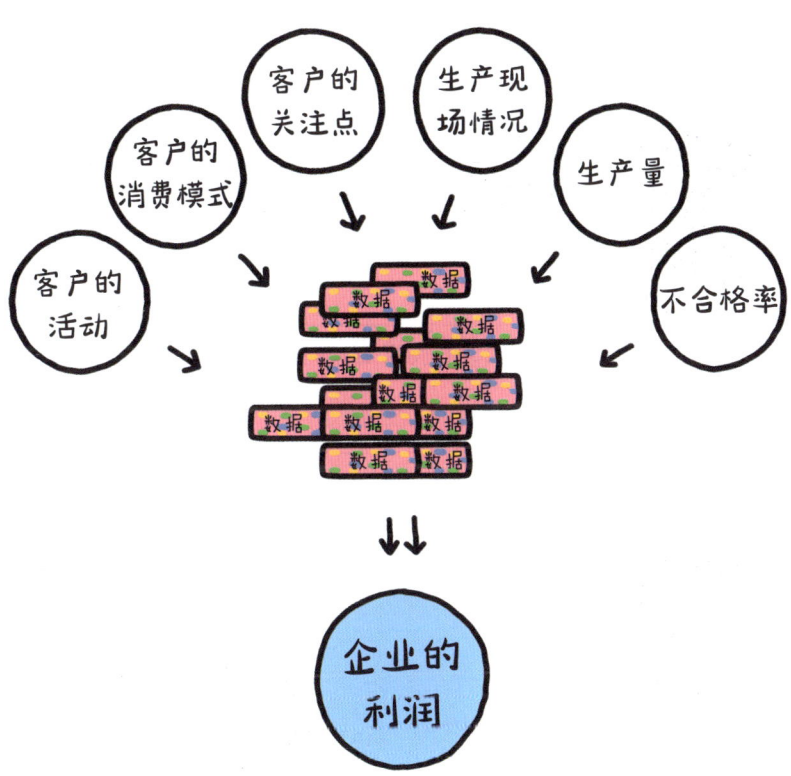

数据科学家研究如何通过分析和处理数据来创造价值，而人工智能科学家则利用数据来开发人工智能程序。

到目前为止，人工智能科学家们已经开发出了各种各样的人工智能程序，并且还有更多的人工智能程序仍在开发中。

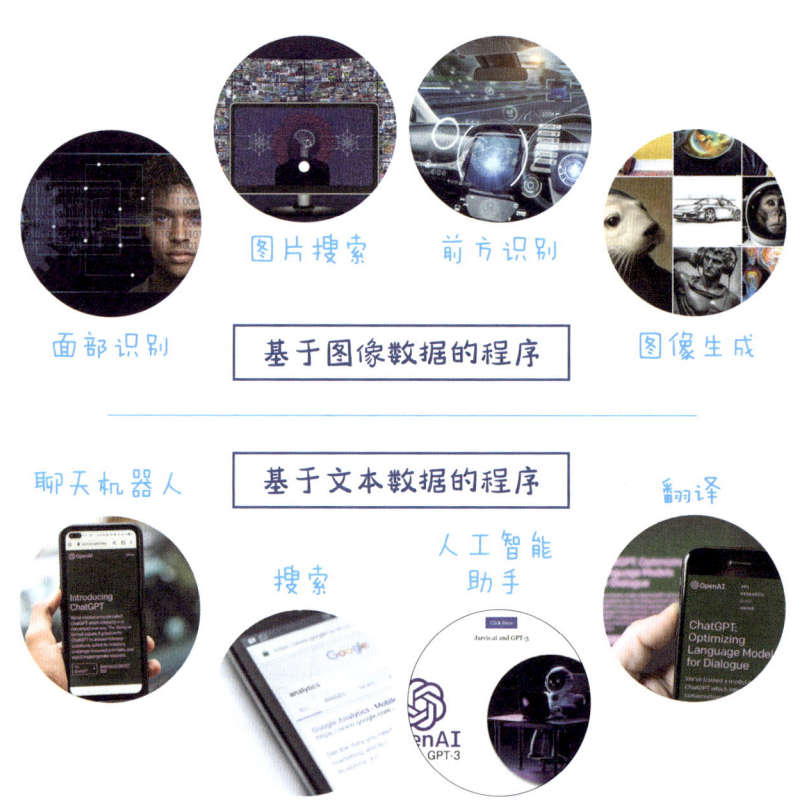

面部识别　　基于图像数据的程序　　图片搜索　前方识别　　图像生成

聊天机器人　　基于文本数据的程序　　翻译　搜索　人工智能助手

数据与计算机

人工智能是以数据为原料发展起来的。

但是空有大量的数据又有什么用呢？

俗话说"玉不琢不成器"，如果没有能够妥善存储、计算和处理数据的计算机，大数据也只不过是未经打磨的璞玉。

在人工智能的发展过程中，性能不断提升的计算机同样功不可没。

接下米，让我们看一看现在的计算机有多强大吧！

前面提到，很多互联网企业都开发了人工智能程序，这些程序的参数数量十分庞大。

许多企业都在开发基于海量数据的人工智能程序，像这样的人工智能程序通常被称为超级 AI。

超级 AI 的参数数量十分惊人！

还记得人工神经网络中的箭头吗？

把那些箭头当成参数就可以了。

超级AI和参数数量

企业	超级 AI	参数数量	发布年度
OpenAI	GPT-3	1,750 亿个	2020 年
谷歌（Google）	PaLM	5,400 亿个	2022 年
微软（Microsoft）和英伟达（NVIDIA）	MT-NLG	5,300 亿个	2021 年
深度思考（DeepMind）	Gopher	2,800 亿个	2021 年
Meta	OPT-175B	1,750 亿个	2022 年
NAVER	HyperCLOVA	2,040 亿个	2021 年
LG	EXAONE	3,000 亿个	2021 年
Kakao	KoGPT	300 亿个	2021 年
北京智源人工智能研究院（牵头）	悟道 2.0	17,500 亿个	2021 年
鹏城实验室和百度	ERNIE 3.0 Titan	2,600 亿个	2021 年
华为和鹏城实验室等	盘古 α	2,000 亿个	2021 年
深度求索	DeepSeek-V3	6,710 亿个	2024 年

数量如此<mark>庞大的参数</mark>，既是人工智能为了找到答案或执行命令所必须找到的未知数，也是其为了寻找未知数而必须执行的运算数。

<mark>这样的运算需要花费多少时间呢</mark>？

我们用计算器进行 12×36 这一类计算需要 1 秒钟，假如计算机的运算速度比我们快 1,000 倍呢？

我们假设一个拥有 1,000 亿参数的人工智能每秒能计算 1,000 个参数以寻找未知数。

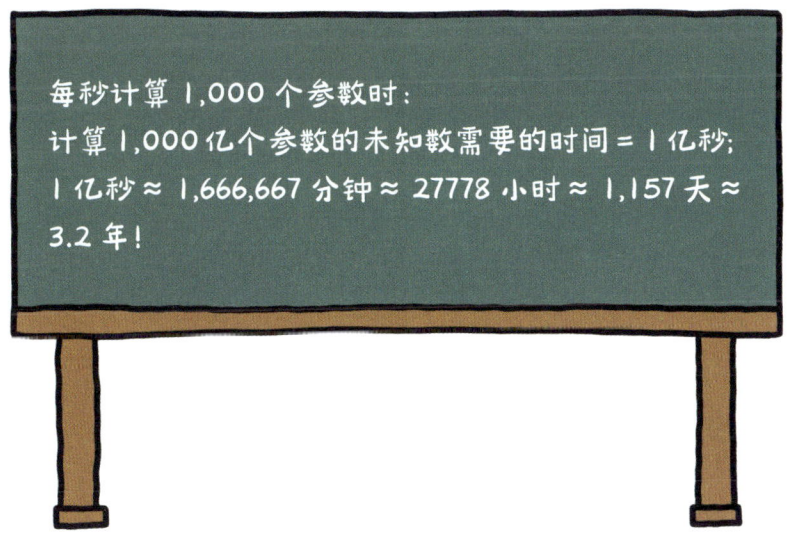

每秒计算 1,000 个参数时：
计算 1,000 亿个参数的未知数需要的时间 = 1 亿秒；
1 亿秒 ≈ 1,666,667 分钟 ≈ 27778 小时 ≈ 1,157 天 ≈ 3.2 年！

以这样的速度，别说是使用人工智能了，就是使用手机和电脑都会非常不方便。

但是现在我们使用的计算机的运算速度比我们快远远不止 1,000 倍，它的运算速度可达到每秒 10 亿次以上！

FLOPS（每秒浮点运算次数）是表示 1 秒所执行的运算次数的单位。

在 21 世纪 20 年代初期，智能手机的运算速度达到了每秒 10 亿次浮点运算，家用电脑的运算速度则达到了每秒万亿次浮点运算。

计算机的性能

算力单位	每秒浮点运算次数
Yotta（尧它）FLOPS	10^{24}
Zetta（泽它）FLOPS	10^{21}
Exa（艾可萨）FLOPS	10^{18}
Peta（拍它）FLOPS	10^{15}
Tera（太拉）FLOPS	10^{12}
Giga（吉咖）FLOPS	10^{9}
Mega（兆）FLOPS	10^{6}
Kilo（千）FLOPS	10^{3}

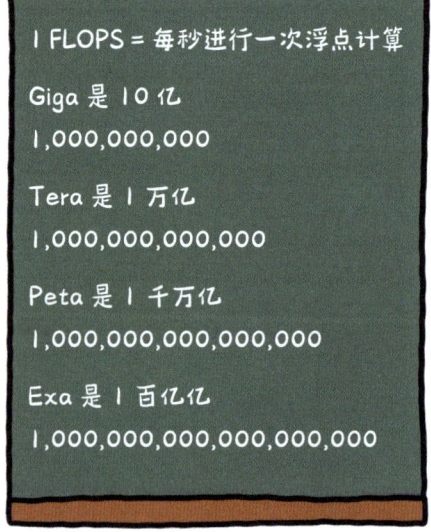

1 FLOPS = 每秒进行一次浮点计算

Giga 是 10 亿
1,000,000,000

Tera 是 1 万亿
1,000,000,000,000

Peta 是 1 千万亿
1,000,000,000,000,000

Exa 是 1 百亿亿
1,000,000,000,000,000,000

你可能无法想象这有多快。

这个速度确实不可思议。

假设我们每秒运算 1 个参数，1 GigaFLOPS 是 1 秒进行 10 亿次浮点运算，这样数量的运算我们大约需要 32 年才能完成。

也就是说，我们需要从现在开始昼夜不停地工作到我们爸爸的年纪。

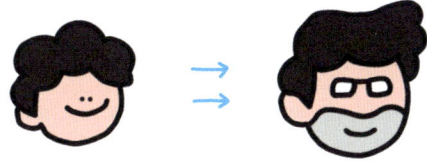

而 1TeraFLOPS 是 1 秒进行 1 万亿次浮点运算，我们大约需要 32,000 年。

漫长到足以让石器时代的原始人进化为现代人。

1PetaFLOPS 是 1 秒进行 1 千万亿次浮点运算，我们大约需要 32,000,000 年！

这可以追溯到化石中的生物们生活的地质时代了。

我们通常所说的超级计算机具有 PetaFLOPS 级别的运算速度。

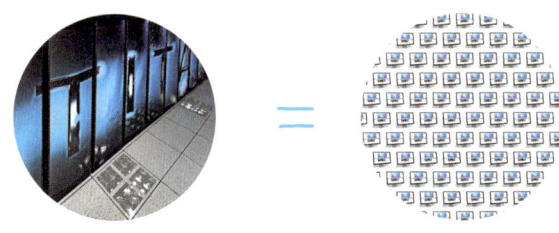

超级计算机泰坦 (2012) **相当于 50,000 台计算**
17.59 PetaFLOPS (10^{15}) **机同时运算的性能**

现在更是出现了 ExaFLOPS 级别的超级计算机。

各种超级计算机

Frontier 每秒可以执行 1 百亿亿次运算，Summit 每秒
可以执行 0.2 百亿亿次运算，神威·太湖之光每秒
可以执行 0.125 百亿亿次运算。

1ExaFLOPS 是每秒进行 1 百亿亿次浮点运算！

假如我们以每秒 1 次浮点运算的速度进行运算，则需
要大约 32,000,000,000 年，也就是说超过 300 亿年。

300亿年？地球的年龄才大约45亿岁！宇宙的年龄不超过200亿岁！

如今，"量子计算机"开始出现，成为超越超级计算机的存在。

这种计算机运用了量子力学，运算速度比光速还要快。

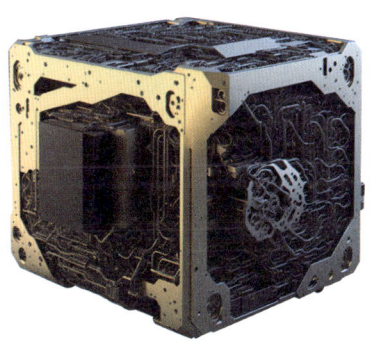

利用量子力学可以拥有比超级计算机更快的运算速度。

量子计算机

有了这样的计算机，无论增加多少数据，人工智能都可以立即展示搜索结果、回答问题和提供推荐服务。

人工智能和通信技术

但是有一点很奇怪。

得益于超级计算机，人工智能的运算速度非常之快。

但为什么我们在使用 ChatGPT 这样的模型时，仍然会感觉着急呢？

如果用过你就会深有同感，因为有时候真的太慢了！

即使我们的电脑和手机是最新款，拥有最好的性能，我们也很难感受到超级计算机的速度。

为什么会这样呢？这就不得不提到通信技术了。

不管是通过电脑还是智能手机使用人工智能，又或者是浏览网页的时候，我们都需要用到有线和无线通信网络。

这就是我们很难直接感受到超级计算机性能的原因。

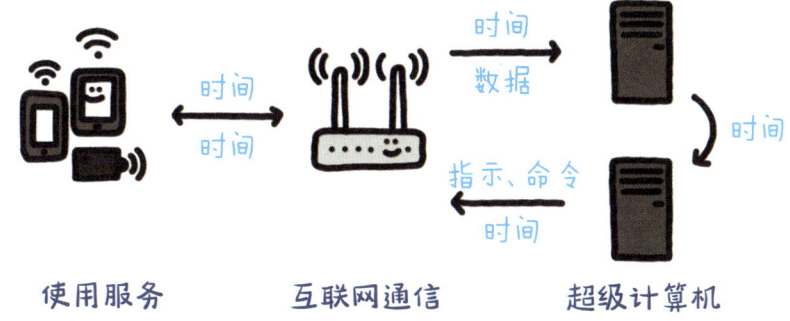

因此，不仅开发学习、储存、运行人工智能程序的超级计算机十分重要，发展使用人工智能服务所必需的通信技术也尤为重要。

如果通信速度不够快，人工智能就无法发挥作用。

如果通信技术跟不上，人工智能技术再发达也无用武之地。

我们可以试想一下，当人工智能控制的自动驾驶汽车遇到障碍物，需要人工智能做出判断时，如果通信不畅导致回答延迟，会发生什么呢？

要么停车，要么出事故，对吗？

这样的话，还有谁会愿意乘坐自动驾驶汽车呢？

事实上，互联网通信技术是随着互联网而发展起来的。

互联网通信最初是通过卫星进行的，稳定性较差。

因此，后来改用了电话线和光缆。

但互联网只连接一个国家是远远不够的，我们需要连接整个世界，不是吗？

所以，各大通信公司又在海底安装了光缆。

大型互联网企业先使用通信公司的光缆把自己公司的大型计算机（即数据中心）放置在世界各地，然后通过海底光缆连接。

谷歌、Meta、亚马逊、百度都是如此！

所以，我们在世界各地都可以使用同样的服务。

在一个国家内部更是如此。

把大型计算机架设在全国各地，然后用光缆把它们连接起来。

这样，全国都能使用同样的服务了。

由于我们主要使用以 Wi-Fi 为代表的无线通信以及 4G、5G 等移动通信，因此一提起互联网通信技术，我们就很容易联想到移动通信技术。

　　可是，如果没有有线通信网络，无线移动通信就不可能实现。

　　我们在家里使用的 Wi-Fi 是无线通信，但是 Wi-Fi 设备连接的是墙上的光缆。

　　移动通信也需要依赖基站发送电波才能使用，而基站是通过移动通信公司的有线通信网络连接的。

　　值得一提的是，埃隆·马斯克正在尝试通过卫星通信连接互联网。

　　他计划将大约 42,000 颗卫星发射到距地球 550 千米的近地轨道，排列成网格形态，为全球提供 1Gbps 的超高速互联网接入。

　　这就是星链（Starlink）计划。

星链（Starlink）

© cyberhoot.com

有人指出了卫星通信的局限性。

卫星通信必然会受到气候的影响，并且卫星使用时间过长或故障时都将影响其正常工作。

但是谁又说得准呢？

说不定有一天人工智能会离不开卫星通信技术。

目前，在大海中央无法使用有线通信，因为大海中央没有可以安装有线电缆的地方，传统的无线通信也因陆地基站距离太远而难以覆盖。

另外，高空中、偏远地区和极地地区也无法使用有线通信，传统的无线通信方式也面临诸多限制。

换句话说，现在的有线和无线通信技术无法覆盖整个地球。

在这种通信状况下，我们还能乘坐自动驾驶汽车去极地吗？

自动驾驶船舶和自动驾驶飞机是否会难以实现呢？

因此，除了现有的有线和无线通信技术之外，我们还需要关注卫星通信技术对互联网通信技术的发展和人工智能的使用带来的影响。

在探索的过程中，虽然可能会陷入技术瓶颈，但是也不乏突破局限开拓新领域的成功事例。

就像现在，我们一边读着这本书，一边迈向更高阶一样！

许多企业在人工智能开发上投入了巨资。

能赚钱的事业有很多，可以制造和销售计算机，也可以从事金融和股票投资。

但是为什么跨国企业都在不遗余力地投资人工智能开发呢？

现在我们就去了解其中的原因，并通过这些原因，预测未来的世界会发生怎样的变化吧。

人工智能战争!

把未来押在人工智能上的企业

人工智能改变世界？

没错！我们人类从几千年前就开始想象机器人了。中国古书《列子》中出现了唱歌的机器人。中国的民间也流传着诸葛亮的妻子黄氏使用机器人准备食物招待客人的故事。

想象过机器人，也就是说想象过人工智能咯？

没错！

因为机器人需要听懂人类说的话，还需要给出回答。

人们想象的机器人大多是代替人劳动的机器人。
但是在当时，他们的想法很难实现。
于是，人们制造了带有"马达"的机器来减少体力劳动。

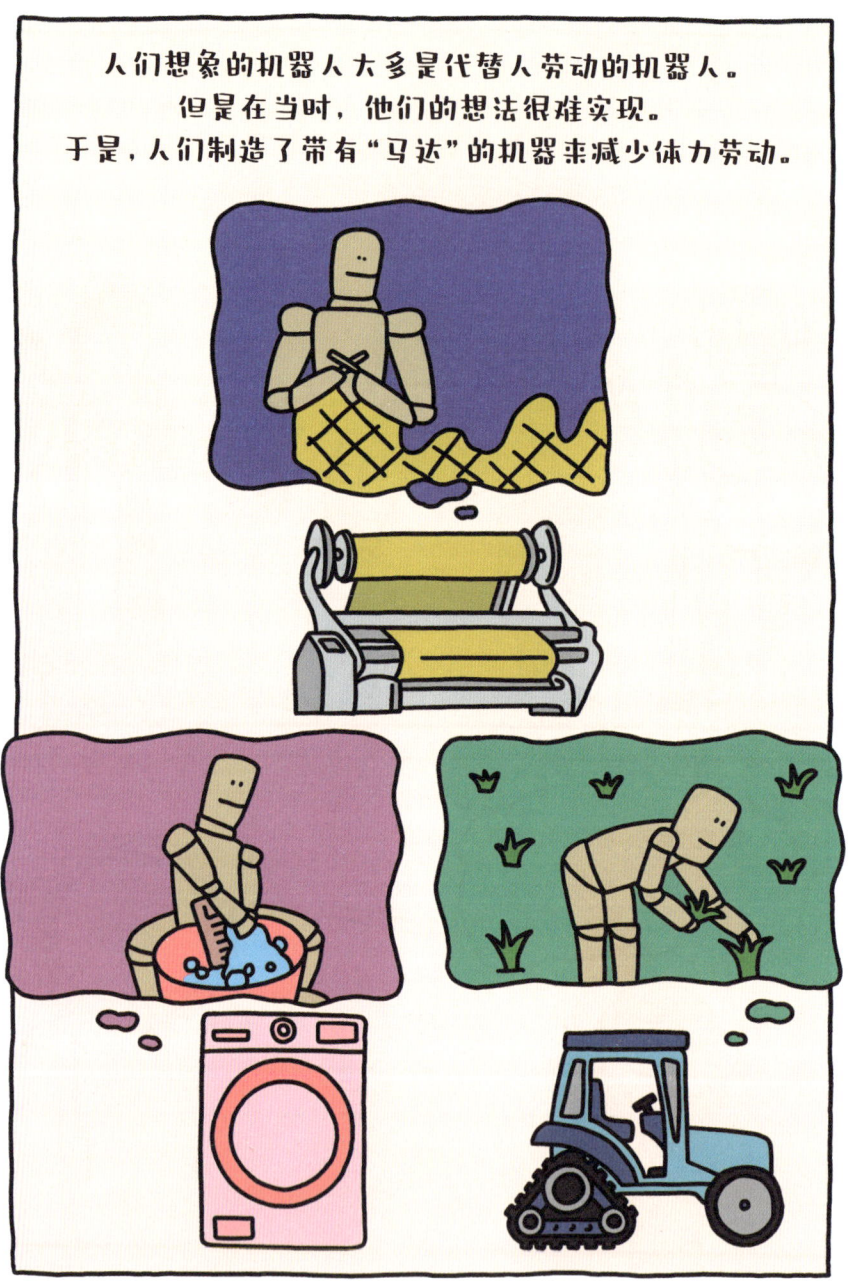

但是有些事情是带有"马达"的机器无法做到的。

而且，随着世界的变化，出现了更多带有"马达"的机器无法替人类完成的事情。

但是现在，这些事情人工智能都能完成！

没错！人工智能的发展日新月异，它们完成了许多
以往用带"马达"的机器无法做到的事情。

人工智能的发展
和互联网行业的变化

微软的创始人比尔·盖茨曾说过：

"人工智能将彻底改变人们使用电脑的方式并颠覆软件行业！"

这句话是什么意思呢？

首先，我们要了解一下互联网。

上网的时候，我们是怎么做的呢？

是不是先打开电脑，再打开浏览器？

然后，我们通常会访问门户网站。

门户网站是指由谷歌、百度、NAVER 等互联网龙头企业搭建的平台。

我们在门户网站上阅读新闻、获取信息。

遇到感兴趣或需要的内容，我们就会进行"搜索"。

而我们感兴趣或需要的内容就成了搜索的"关键词"。

点击"搜索"之后，与关键词相关的网页就会被罗列出来。

门户网站收集了众多网站的网页信息，每次用户搜索时，就提取相应的网页并展示给用户。

这都得益于"搜索引擎"的开发和运用。

所以，当我们搜索"夏日旅行目的地"时，搜索引擎就会找出相应的网页并罗列出来。

我们在浏览搜索列表时，自然会点击感兴趣的内容。

这时，向门户网站支付了广告费的旅行社如何推广自己的旅游产品呢？

门户网站会将该旅行社的旅游产品放置在显眼的位置，以此提高用户的点击率。

如果针对用户的喜好进行精准投放，广告费就会更高。

比如，搜索"夏日旅行目的地"的用户此前搜索过"出国旅游"，那么不就可以判断出，该用户更倾向于去海外旅行吗？

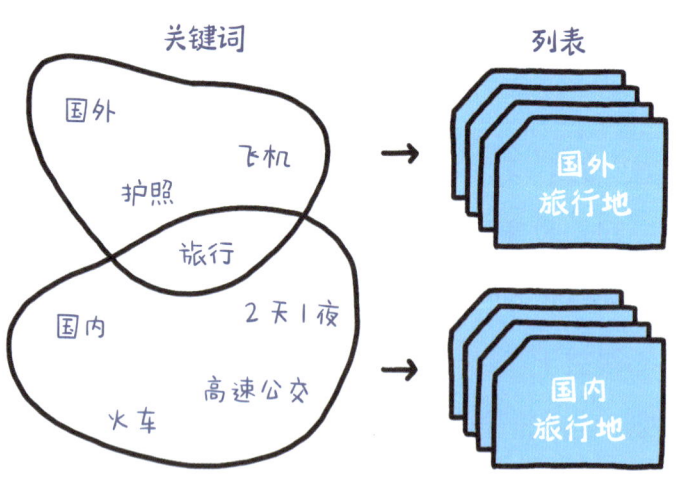

正如前面所说，门户网站就是通过这种方式获取广告收益的。

据说，大多数网站的广告收益占比在 40%~70%。

但是生成型人工智能不能按照这种方式，即搜索和点击的方式获取广告收益。

顾名思义，生成型人工智能是"生成"的程序。

生成的内容就是前面提到过的"语言"。

当我们提问时，它会以学习到的信息为基础生成答案并展示出来。

它既不会产生搜索列表，也不会引导点击。

如果使用生成型或者聊天型人工智能的人越来越多，门户网站就无法像现在这样获取收益，也无法维持目前在互联网行业的地位。

互联网的格局就会发生变化！

所以谷歌等门户网站利用人工智能创建了更加精准的搜索引擎，向用户提供量身定制的信息和广告。

一开始，许多企业即使研发了生成型人工智能，也不想投放到市场。

因为，如果生成型人工智能被广泛使用，这些企业通过搜索和点击赚钱的机会就会减少。

ChatGPT 面市时，立刻引起了人们的热烈反响。

发布 5 天，ChatGPT 的注册用户就突破了 100 万名。

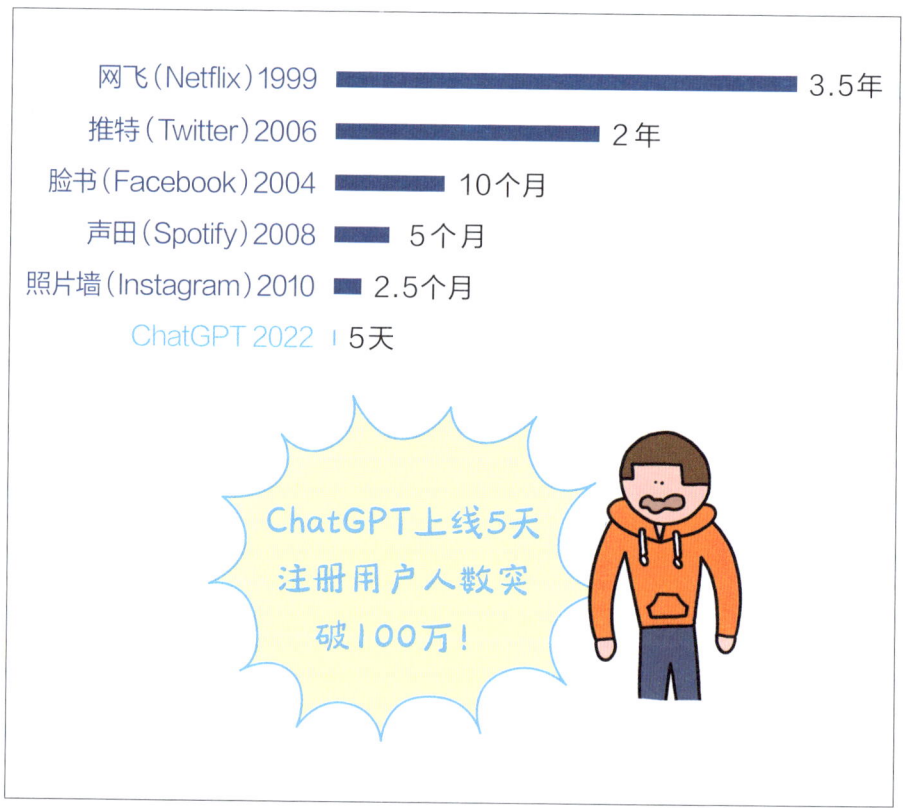

主要互联网软件服务注册用户数量突破 100 万所花时间

无奈之下，谷歌、百度、NAVER 等门户网站只好纷纷推出类似服务，并进一步加大了人工智能研发的力度。

主攻社交网络服务（SNS）领域的 Meta（原名 Facebook）宣布将进军生成型人工智能市场，埃隆·马斯克也宣称将进行生成型人工智能的开发。

此外，还有许多拥有人工智能技术开发能力的企业也投身到了生成型人工智能的研发当中。

如果生成型人工智能进一步发展，会怎么样呢？

在未来，生成型人工智能将从生成文字和图像的起点出发，向可以做更多事情的通用型人工智能发展。

比如，去旅行的时候，人工智能可以为我们安排日程、规划最佳路线，帮助我们最大程度节省经费，甚至进行预约。

人工智能还可以帮我们在网上商城订购旅行所需的各种物品。

人工智能还能帮我们选择在旅行地拍摄的照片，并生成与之匹配的文字，实时上传到社交平台。

旅行期间，人工智能还会帮忙照看各种金融业务，不用担心拖欠水电费和税费，也不用担心还贷逾期。

比尔·盖茨将这种人工智能定义为"个人数字代理"（Personal Digital Agent，PDA），并表示未来最好的公司将是开发"个人数字代理"的公司。

我们还不知道哪些公司将开发出优秀的个人数字代理。

因为我们无从知晓如今最好的互联网公司在未来是否仍然如此优秀。

唯一可以确定的是，人工智能将改变互联网行业。

但这种情况只会发生在互联网行业吗？

人工智能也会改变其他行业吗？

人工智能的发展和产业的变化

不仅仅是互联网行业，人工智能对所有产业都会产生巨大的影响。

你应该听说过第四次工业革命吧？

第一次 工业革命	第二次 工业革命	第三次 工业革命	第四次 工业革命
18世纪~19世纪	19世纪~20世纪	20世纪中叶~ 20世纪末	21世纪以后
通过蒸汽机和化肥的发明，极大提高社会生产力的机械化革命	以电力为基础的高效大规模生产革命	基于计算机和通信网络的知识、信息革命	基于创新技术的所有人与物互相连接的万物智能革命

分类	第一次 工业革命	第二次 工业革命	第三次 工业革命	第四次 工业革命
时期	18世纪~19世纪	19世纪~20世纪	20世纪中叶~ 20世纪末	21世纪以后
革新领域	蒸汽的动力化	电力、劳动分工	电子设备、ICT 革命	ICT和制造业 融合
信息传播	书籍、报纸等	电话、电视等	互联网、SNS	IoT、IoS
生产方式	生产机械化	生产规模化	部分自动化	通过模拟实现 自动生产
生产控制	人	人	人	自动化机器

ICT：信息通信技术（Information & Communication Technology）

IoT：物联网（Internet of Things）

IoS：服务互联网（Internet of Services）

经过了第一次、第二次、第三次工业革命，现在我们进入了第四次工业革命。

每个时期都各有特点。

我们生活的第四次工业革命时代是通过物联网与服务互联网沟通的时代。

换句话说，这是一个所有的人与物通过互联网连接的时代。

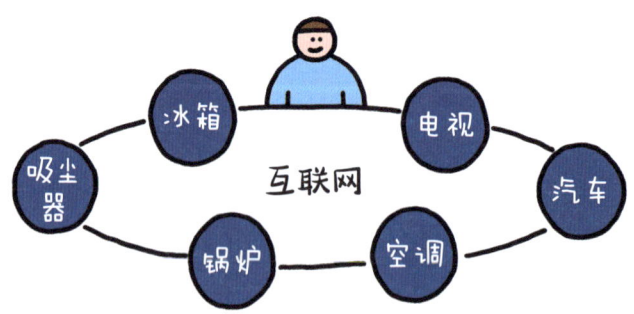

即使出门在外，也可以关闭忘记关机的电脑。

因为人和电脑通过互联网连接起来了。

家里无人的间隙，扫地机器人可以开始打扫卫生，接着，空气净化器还会自动净化空气。

这是因为扫地机器人和空气净化器也通过互联网和人连接起来了。

饭店里，人工智能机器人在餐桌和厨房之间穿梭，为人们提供服务。

制造业也正在与信息通信技术进行着融合。

钢铁公司在实际投入生产之前，会先用计算机模拟采用各种材料配方生产出的钢铁产品的特性。

通过这种方式找到最佳配方，节省时间和费用。

服装公司则用计算机分析已销售产品的种类和尺寸，确定接下来要生产的产品种类和数量。

这样可以最大程度减少产品的积压，降低成本。

汽车也不再是简单的机械装置了，与信息通信技术相结合的自动驾驶汽车正在飞速发展。

不仅是制造业，农业等第一产业也正在引入系统控制程序，比如通过传感器确定哪些作物缺水，然后给缺水作物定向浇水等。

更进一步，<mark>有的企业开始尝试将所有生产过程的企划、计划和控制实现自动化</mark>。

因为这样在成本和效率上更有优势。

这当然需要用到<mark>人工智能</mark>。

今时今日，即使不是互联网企业，如果没有人工智能技术，也很难迎接未来的挑战。

一家汽车公司，无论现在多么成功，如果在自动驾驶汽车的竞争中落后，那么后果将不堪设想。

即使是世界上最好的电子产品制造公司，如果制造的产品不能适用于物联网，那么谁也担保不了产品的销量。

就算是世界上最畅销的智能手机制造公司，如果制造的手机不能使用人工智能，谁还会称其为智能手机呢？

因此，制造业领域的企业都在努力开发自有产品所需的人工智能。

人工智能在银行、证券公司等金融领域以及法律、医学等专业领域的应用也将进一步扩展。

证券公司正在使用人工智能来收集、处理和分析大量信息。

通过这样的服务，可以帮助投资人找到合适的投资方向，提高投资回报率。

人工智能还可以用于管理客户资产、创建投资组合和撰写投资报告。

也就是说，人工智能正在接管投资分析师和基金经理等金融专家所做的工作。

检察官和律师可以使用人工智能程序搜索法律条文，快速便捷地处理工作。

　　人工智能还可以学习判决书，以此预测损害赔偿金额、分析嫌疑人是否有罪以及预测犯罪者的量刑等。

　　当发生纠纷时，人工智能还可以自动创建调解计划草案。

　　人工智能在医疗领域也已经得到了广泛应用。

　　医疗领域大致有"预防""诊断""治疗"三个板块的业务，人工智能都可以得到应用。

　　在对 X 射线、磁共振成像（MRI）等医学影像的分析和诊断方面，人工智能的表现尤为突出。

　　在包括医疗保险制度和医疗保障体制的医疗系统中，我们也可以看到人工智能的身影。

人工智能技术对音乐、电影等娱乐领域也将产生巨大影响。

现在已经出现不少使用人工智能生成的模特做广告的案例。

人工智能生成的模特

这是知名品牌巴尔曼（Balmain）的广告，三位模特都是由人工智能生成的。中间的Shudu是全球第一位数字超模，在2017年正式宣布出道。

© 巴尔曼

今后，可能会出现人工智能生成的歌手演唱人工智能作词、作曲的歌曲并大受欢迎的情况。

人工智能创造的虚拟人米克拉

米克拉（Miquela）是世界知名的虚拟人网红，她不仅是发行了多张音乐专辑的歌手，也是受世界各大名牌宠爱的模特。

© Youtube Miquela

这样一来，过去那些挖掘和培养明星的唱片公司是不是也会开始尝试用人工智能生成歌手呢？

人工智能还被用于电影特效、电脑图像和背景的制作，甚至还能生成演员。

这样的话，以后不管是电影还是电视剧，可能都没有拍摄的概念了。

因为，如果背景和演员都可以用人工智能程序生成的话，就不需要拍摄了。

© Youtube Runway

人工智能电影节

Runway等使用人工智能制作图像和视频的公司联合举办了人工智能电影节。他们想告诉人们，只要有制作电影的热情，即使没有与电影相关的专业知识，没有拍摄电影的经费，也可以利用人工智能制作电影。

今后，如果<mark>元宇宙</mark>这个<mark>新产业</mark>兴起，人工智能也将在那里大显身手。

简而言之，元宇宙就是"虚拟现实"，是在互联网上创造的类似现实世界或者超越物理限制的虚拟空间。

在这个虚拟的世界里，会建立起另一种政治、经济和文化秩序。

在元宇宙中，人工智能也是不可或缺的。

你听说过网络游戏里的 NPC（Non-Player Character）吗？

NPC 是不受人类玩家控制而由游戏人工智能控制的非玩家角色。

元宇宙中需要更多这样的角色，不是吗？

© Roblox游戏

如果你想在元宇宙中创建一个虚拟化身，就需要使用人工智能。

特别是如果你想创造一个与自己相似的角色，就更离不开人工智能了。

如果没有人工智能的帮助，是不可能创造出语气和行为都与自己相似的虚拟化身的。

元宇宙中的服务种类繁多，用户无法知道每一种服务的位置。

这时候，就需要人工智能担任向导。

此外，为了保证用户可以安全地使用元宇宙，还需要人工智能进行监督。

人工智能不仅影响着如今的所有产业，还会影响到未来的新兴产业。

所以，那些在全球叱咤风云的跨国企业都在大力投资人工智能。

相应地，这也将对全球经济产生巨大的影响。

人工智能和碳足迹

你听说过"碳足迹"这个词吗？

只要我们在生活中使用能源，就会不可避免地产生污染环境的二氧化碳。

碳足迹是衡量二氧化碳排放量的指标，它可以帮助我们直观地看到生活中二氧化碳的排放量。

不过，人工智能和碳足迹有什么关系呢？

要知道，有人甚至把人工智能称为"吃电的河马"。

事实上，不仅是人工智能，互联网行业本身也在产生大量的二氧化碳。

尽管它不是制造业，却也使用了大量的电力。

电力　数据中心

全球互联网相关企业的数据中心运营一年的用电量，堪比有些国家一年的用电量。

单位：太瓦时（TW·h）

尼日利亚	哥伦比亚	阿根廷	埃及	南非共和国	数据中心	印度尼西亚	英国
38	79	149	197	236	200~250	293	333

© 数据来源：EMBER（ember-emegy.org）

全球数据中心和各国用电量对比（2020 年）

（以上数据基于公开资料的估算，实际用电量可能会因统计方法和数据来源的不同而略有差异。）

实际上，运营数据中心需要耗费大量的电力。

因为有成千上万台计算机在同时工作。

而且开发和使用人工智能程序需要的电力比日常使用互联网需要的电力要多得多。

2021 年，谷歌的总用电量为 18.3 太瓦时（TW·h）其中 2.3 太瓦时是用于人工智能的，这大约是谷歌总用电量的 12.6%，相当于 50 万人生活的城市所有家庭一年的总用电量。

美国麻省理工学院的研究结果显示，人工智能学习所产生的碳排放量相当于一辆汽车使用寿命内的碳排放量的五倍。

为什么人工智能会消耗如此多的电力？

这是因为训练人工智能需要大量的数据和大量能够处理这些数据的超级计算机。

各种情况碳排放量比较   © 《麻省理工科技评论》（MIT Technology Review）

　　处理数据意味着超级计算机中的中央处理器（CPU）、图形处理器（GPU）等半导体器件对数据进行存储和运算。

　　在超级计算机里，这样的半导体器件有成千上万个，半导体器件也需要电力才能运行，还得是巨量的电力。

　　因为，超级计算机处理数据可能需要进行数十亿次甚至数千亿次运算！

这样一来，自然就产生了热量，为了降温就必须打开空调。

如果温度不能保持在 10~27 摄氏度之间，计算机很有可能会出现故障。

这就再一次需要用到电。

除此之外，处理数据还需要使用大量的水。

刚刚我们说到了使用计算机时会产生热量，对吗？

光用空调降温是远远不够的，还得配合冷却塔直接吸收热量。

冷却塔中的水受热会蒸发，所以需要源源不断地补充水，而且还得是纯净水。

如果使用被污染过的水，计算机可能会被腐蚀，还有可能会滋生细菌。

美国加利福尼亚大学河滨分校和德克萨斯大学阿灵顿分校的研究人员测量了使用计算机时冷却塔的用水量。

结果显示，仅完成一次 GPT-3 的训练就使用了 70 万升纯净水，相当于生产 320~370 辆汽车的用水量。

我们在使用人工智能的时候也会耗费电和水。

举个例子，人工智能机器人阿尔法围棋（AlphaGo）在 2016 年与李世石进行围棋对决时消耗的电量相当于 100 户家庭一天的用电量之和。

再比如，ChatGPT 每进行 10~50 次中等长度的问答，就会消耗大约 500 毫升的水。

因此，在环境污染十分严重的现状下，开发人工智能时使用的数据越多越好、超级计算机内置的半导体器件数量越多越好的观点，可以说是一种反环保的想法。

因此，和其他行业一样，人工智能领域也在为减少碳排放量而努力。

其中，具有代表性的策略是在使用清洁能源发电的地区训练人工智能并提供服务。

因为，发电时的碳排放量减少，用电时的碳排放量自然就减少了。

此外，还要在技术提升方面下功夫。

最直接的办法就是减少人工神经网络的计算量。

举个例子，假设我们要开发一个对猫和狗进行分类的程序。

猫和狗既有不同点，也有相同点。

猫和狗不都是 1 条尾巴，2 只耳朵，4 条腿吗？

这些显而易见的特征就不需要重新计算了。

我们可以在这个程序的人工神经网络中禁用与尾巴、耳朵和腿相关的部分。

这样一来，计算量就会相应减少，用电量也会随之减少。

在环境问题面前，人工智能研究也无法独善其身。

那么，除了环境问题之外，人工智能还会带来其他问题吗？

人工智能技术日新月异，社会随之改变，世界也随之变化。

但是和所有的技术一样，人工智能技术也具有两面性。

人工智能技术存在的问题是什么？

我们应当如何妥善处理和解决这些问题呢？

这些就是我们最后要探索的内容了。

在这个阶段，让我们尝试描绘生活在人工智能时代的"我们"的样子，在人工智能领域更上一层楼吧！

人工智能，有备无患

机智的人工智能时代生存法

他们在说什么？

杰弗里·辛顿（Geoffrey Hinton）博士是人工智能专家中的专家。在 20 世纪 80 年代，当很多人对人工智能的发展持怀疑态度时，他致力于深度学习的研究，成为人工智能研究领域的先驱。

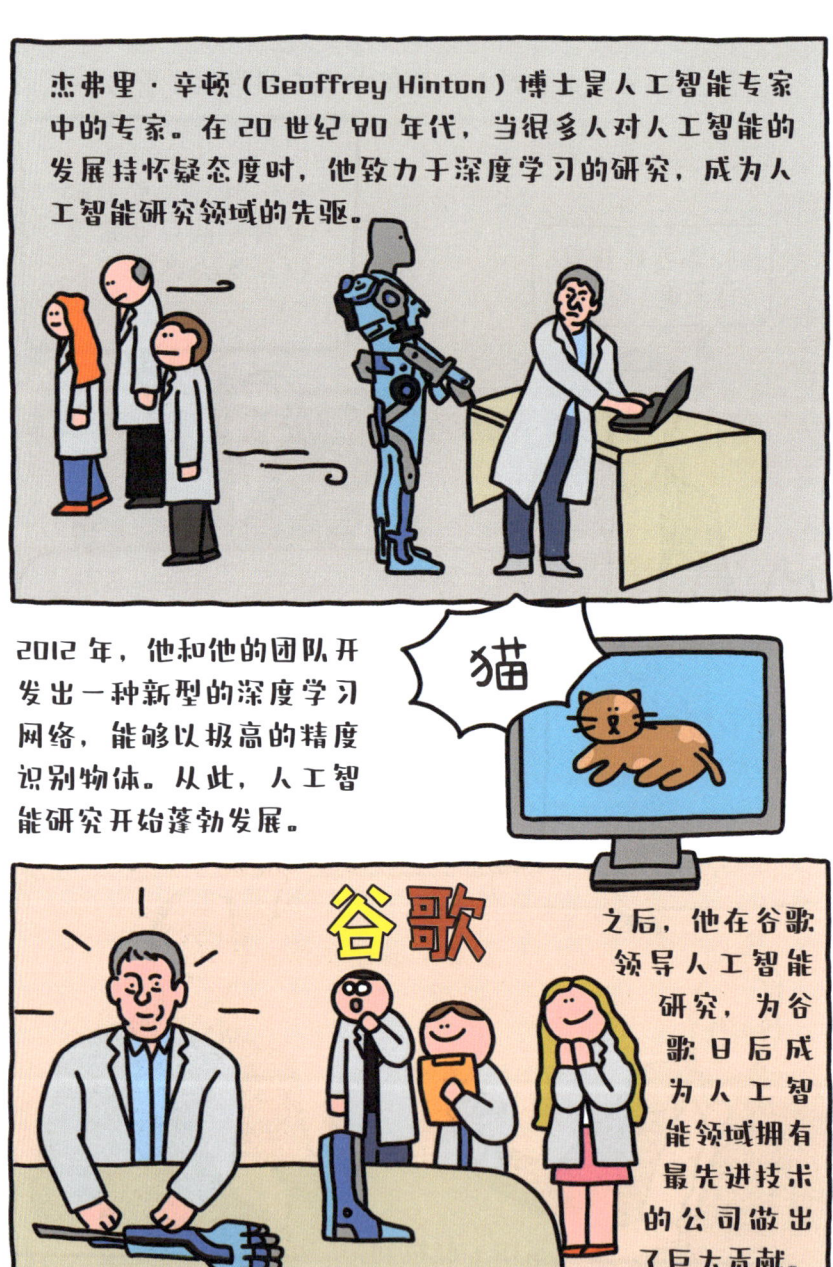

2012 年，他和他的团队开发出一种新型的深度学习网络，能够以极高的精度识别物体。从此，人工智能研究开始蓬勃发展。

猫

谷歌

之后，他在谷歌领导人工智能研究，为谷歌日后成为人工智能领域拥有最先进技术的公司做出了巨大贡献。

另外，他和吴恩达、杨立昆、约书亚·本吉奥并称为人工智能"四大天王"，杨立昆和约书亚·本吉奥可以说是杰弗里·辛顿的弟子。所以人们把杰弗里·辛顿称为"人工智能教父"。

约书亚·本吉奥
Yoshua Bengio (1964 年 -)
接触杰弗里·辛顿的论文后，开始致力于人工神经网络的研究。

吴恩达
Andrew Ng (1976 年 -)
致力于深度学习研究，并创造了杰出成果。

人工智能"四大天王"

杨立昆
Yann LeCun (1960 年 -)
Meta 公司首席人工智能科学家。

杰弗里·辛顿
Geoffrey Hinton (1947 年 -)
被誉为"人工智能教父"。

这些话从他嘴里说出来，人们怎么可能不惊讶呢？

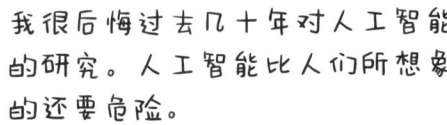

我很后悔过去几十年对人工智能的研究。人工智能比人们所想象的还要危险。

啊，电影里的情节真的会发生吗？是人工智能按下核武器发射按钮终结世界？还是人工智能机器人猎杀人类？

工作岗位减少
和贫富两极分化

人工智能发展带来的第一个问题就是工作岗位减少。

对于人类来说，就业是关系到生存的头等大事。

毕竟，没有工作就赚不到钱，赚不到钱就无法维持生计，不是吗？

因此，如果人工智能导致人类的工作机会减少，那不就意味着人工智能正在伤害人类吗？

目前，就业岗位的减少已经产生了很大的影响。

过去，如果我们想了解银行的业务，会通过电话与银行顾问交谈。

网上购物遇到问题时，也会咨询客服人员。

但是现在呢？

消费者的问题先由聊天机器人或人工智能咨询师进行第一轮解答。

因此，咨询领域的工作岗位便大幅减少了。

当然，无论是聊天机器人还是人工智能咨询师，都无法 100% 解决消费者的问题。

因此，咨询领域还需要人工的参与和干预。

然而，随着聊天机器人和人工智能咨询师的日益发展，需要人工干预的领域将进一步减少。

机器人服务员

受新型冠状病毒影响，机器人服务员得到了广泛应用。这也导致餐饮业的就业机会大幅减少。

你可能会这样想：

但事实果真如此吗？

受人工智能发展影响最大的反而是专业性要求高的职业。

前面我们不也看到了吗？

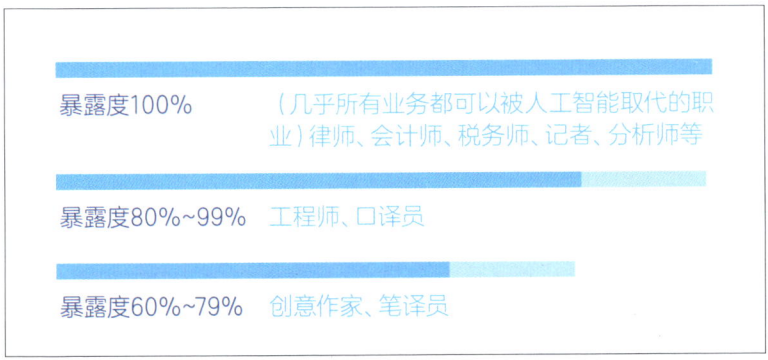

© 2023年3月，OpenAI与宾夕法尼亚大学联合研究

各个职业的人工智能暴露指数（AIOE）

像建筑师这样的职业会怎么样呢？

我们知道，建筑师的工作是根据委托人的要求设计建筑物。

试想一下，如果设计图可以由人工智能提供，会发生什么呢？

你会发现，任何人都可以利用人工智能设计建筑了，还要建筑师干什么？

艺术领域又如何呢？

当人工智能开始画画、作词、作曲，甚至唱歌时，画家、作词家、作曲家、歌手还能生存吗？

当人工智能开始写文章甚至创作小说时，记者、小说家、编剧等文字类职业还会存在吗？

连计算机程序员也不安全。

因为人工智能也可以编程！

专家认为，目前存在的 50% 以上的工作岗位将因人工智能的发展而消失。

如果 50% 的社会成员都变成无业游民，我们的社会将会变成什么样子呢？

就业机会的减少将不可避免地使大多数人变成穷光蛋，而少数用人工智能取代人类员工的公司将赚到更多的钱。

这就是富人更富，穷人更穷！

有人将这种情况与 18、19 世纪进行比较。

当时，由于工业革命，机器在很多领域承担了原本属于人类的体力劳动。

于是，许多工人失业了。

工人们把自己失业的原因归咎于机器，并开展了破坏机器的运动。

这场运动被称为"卢德运动"，但以失败而告终。

引进机器的企业得以幸存，因为它们获得了更高的生产力。

但是许多人失去了工作，最终流落街头。

人们的不满情绪越来越高涨，社会也越来越混乱。

这也正是人们担心人工智能发展的原因。

如果历史重演，我们的社会体系可能会分崩离析。

为什么这么说呢？

产品被生产出来后，必须被人购买，经济才能顺利运转。

试想一下，如果企业生产的产品卖不出去，企业还能生存吗？

因此，国家才会实施就业相关的福利政策，比如增加工作岗位、为失业者安排就业或提供失业津贴、给找不到工作的人发放最低生活保障金等。

然而，如果人工智能最终仍然会导致工作岗位急剧减少，现有的福利政策也将暴露其局限性。

发出人工智能危险预警的人们主张，需要通过社会层面的讨论和协商，来解决人工智能导致的工作岗位减少的问题和由此引发的其他问题。

我们的爷爷奶奶辈小时候是听着这样的话长大的："学习一门手艺养家糊口！"

在那个时候，只要有一技之长，谋生就不成问题。

如果有修理收音机的技术，就可以在家附近开一家修理电子产品的小店，养家糊口不在话下。

我们的爸爸妈妈那一代，大人们是这样告诉他们的："专业性强的职业最吃香！"

如果当上了医生或律师，就可以高枕无忧了。

既不用担心失业，还可以获得高收入。

比我们稍微大一点的哥哥姐姐们都听过这样的话："做那些只有人类才能做到，不会被机器取代的工作，比如创意性的、能够引发人类共鸣的工作！"

我们是不是也应该像这样寻找合适的生存之道呢？

然而，我们今后要生活的世界，是一个更加难以谋生的社会。

人工智能技术发展如此之快，我们可能都来不及寻找生存之道。

这就是为什么那些提出人工智能危险性警告的人们一直强调，我们需要寻找方法，最大程度地减少人工智能造成的工作岗位减少的问题，以及由此引发的社会问题，并且提前做好应对的准备。

虚假新闻
和知识的缺失

GPT 等生成型人工智能的日益发展带来的另一个问题是虚假新闻。

前面我们提到了用 ChatGPT 写新闻，还记得吗？

只要使用这样的人工智能，任何人都可以写新闻报道。

但是如果有人恶意撰写并传播虚假的新闻，会怎样呢？

事实上，美国就曾出现过诽谤大选候选人的虚假新闻，引发了不少问题。

别有用心的人不光会利用人工智能写假新闻，还会利用类似 DALL·E 2 和 Midjourney 这样的人工智能捏造照片，以假乱真，混淆视听。

五角大楼被炸毁的虚假新闻

再加上能合成声音的人工智能，那就更不可控了。

韩国的技术人员曾使用新闻主播时长 3 小时的语音文件，在不到 10 秒的时间里制作出了题为《我国自主探索火星》的虚假新闻。

像这样，把文字、图像、音频结合起来制作虚假的新闻视频也不是一件难事。

问题是虚假新闻很难甄别。

因为人工智能技术已经日趋成熟。

使用成熟的技术可以在眨眼间制造和传播虚假新闻。

如果虚假新闻越来越多，我们该怎么去验证哪个是真，哪个是假呢？

如果我们生活在一个虚假新闻泛滥的世界，会怎么样呢？

看到了银行破产的新闻，但是不知道真假，我们该怎么办？

看到了发生战争的新闻，却无从辨别，我们该如何应对？

如果虚假新闻泛滥，我们的世界将变得不可信任。

所以，包括美国和欧盟（EU）各成员国在内的许多国家都在尝试制定法律来防止人工智能的滥用。

理应这样做，不是吗？

但是，还有一些法律也无法阻止的问题。

人工智能可以学习互联网上所有的数据，并根据所学内容回答我们的问题。

不过，它似乎并不在意生成的内容是真是假。

事实上，ChatGPT 刚出现时，有人问了它关于一位明星的问题，它却回答"这是百年前某位将军的辅佐官"。

它之所以给出这么荒谬的答案，是因为人工智能的"幻觉"（Hallucination）。

生成型人工智能像一种文字接龙游戏。

它根据学到的数据计算接下来最有可能出现的单词，然后将这些单词连接起来形成对话。

问　请给我讲一讲刘备和貂蝉的爱情故事。

答　　《三国演义》的主角之一刘备和貂蝉之间并没有爱情故事。这两人其实是生活在不同历史背景下的人物，无论在历史上还是在小说《三国演义》中，他们之间都没有任何联系。

　　刘备是三国时期的重要人物，蜀汉的缔造者，杰出的军事家。他被描绘成一个重视人性和道德的角色。

　　而貂蝉是与汉末王裕之乱事件相关的人物。她在另一部中国古典小说《红楼梦》中扮演主要角色，而不是小说《三国演义》。在《三国演义》中，她在将军吕布与宰相董卓之间周旋，推动了二者的冲突，为董卓的垮台创造了机会。

因此，刘备与貂蝉的爱情故事是不正确的信息。然而，他们每个人的故事都是独特而有趣的，如果您想了解更多关于他们的信息，请告诉我。

这是人工智能幻觉的一个例子。这一段话乍一看似乎没什么问题，细看却漏洞百出。一下子说刘备和貂蝉生活在不同的历史背景下，一下子又说他们都出现在《三国演义》中，这不是前后矛盾吗？另外，《三国演义》中的貂蝉和王裕毫无关系，而是住在王允家里。还有，貂蝉在《红楼梦》中扮演了主要角色？《红楼梦》的主要人物中，没有一个叫貂蝉的！它之所以生成这样的答案，是因为被程序设定为生成看似合理的句子。

那么，用户在使用人工智能时，会一一核对人工智能生成的所有答案并辨别真假吗？

这是很难做到的。

相反，把这些文字上传到博客和网络社交平台却不费吹灰之力。

如果这种情况持续发生，会怎么样呢？

从某个瞬间开始，我们就会怀疑通过网络看到的所有知识和信息的真实性。

不仅是新闻，所有的信息和知识，都将处于真假难辨的状态。

但是人工智能还会以这些数据为基础继续学习。

学习了这些数据的人工智能是说真话的频率高，还是说假话的频率高呢？

这不是显而易见的吗？

人工智能很可能会继续学习错误的信息。

而如果我们不加怀疑地使用人工智能提供的信息，会造成什么后果呢？

我们不就失去了人类数千年来积累的知识和智慧吗？

人工智能只是生成而非创作，这一点也引发了重大的问题。

人工智能写小说，是在学习了人类创作的故事的基础上进行的。

其生成的图片、音乐、视频等都是如此。

简而言之，人工智能是利用他人的创作进行自己的创作。

但我们无从知晓它借鉴了哪些内容。

因为人工智能生成的内容是东拼西凑"粘贴"起来的，不会标明出处。

这样一来，创作者们的著作权就会受到人工智能的侵害。

如果著作权问题持续发生，谁还会愿意进行创作呢？

如果人类的创作活动逐渐停滞，长此以往，会有什么后果呢？

或许真正的艺术会从
人类历史上消失！

精神变态的人工智能
和比人类更聪明的人工智能

2018年，美国麻省理工学院开发了一个名叫"诺曼"的人工智能。

这家伙……有点吓人。

给它看下列照片时，它是这样回答的。

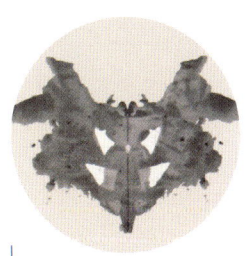

普通AI: 看起来像一只坐在树枝上的小鸟!

诺曼: 一个触电的人!

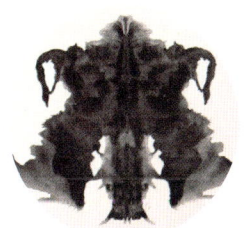

普通AI: 看起来像一张小鸟的黑白照片!

诺曼: 浑身是面粉的人!

事实上，诺曼是一个精神变态的 AI。

研究人员创造它的时候，有意只采用与犯罪相关的数据训练它。

于是，它变成了一个精神变态的人工智能。

研究人员想借此告诉人们，人工智能被用于不道德的目的是有可能会发生的事情，并以此让人们警醒。

独裁者们可能会利用人工智能来监视和控制人们。

战争狂们可能会使用人工智能技术制造杀伤性机器人和无人机等武器。

因此，发出人工智能危险性预警的人们认为，全社会都需要监督和管理人工智能技术，并建立和实施人工智能的伦理准则。

很多国家和企业都参与其中，尝试制定并实践自己的人工智能伦理纲领。

2019年欧盟发布"人工智能高级别专家组"起草的"人工智能伦理准则"

①人的能动性和监督：人工智能系统应支持人的能动性和基本权利，为实现公平社会做贡献。

②技术稳健性和安全性：人工智能系统必须拥有足够安全、可靠和稳健的算法，以处理人工智能系统所有生命周期阶段的错误或不一致。

③隐私保护和数据管理：公民应该完全控制自己的数据，同时与之相关的数据不会被用来伤害或歧视他们。

④ 透明度：人工智能系统应该保持透明，保证数据处理的过程可追溯。

⑤ 多样性、非歧视性和公平性：人工智能系统应考虑人类能力、技能和要求的总体范围，并确保可接近性。

⑥ 社会和环境福祉：应采用人工智能系统来促进积极的社会变革，增强可持续性和生态责任。

⑦ 问责：应建立机制，确保对人工智能系统及其成果负责和问责。

某企业的人工智能伦理准则	
人类尊重	不侵犯人的自主性和尊严等权利，为人类提供积极价值
公正性	不以性别、年龄等人类个人特性为基础进行不正当歧视，尊重多样性，保持公正
安全性	按照全球标准严格规范安全性相关事宜，确保值得客户信赖
责任性	开发和使用人工智能的成员应保持主人翁意识，明确自己的角色和责任
透明性	按照原则和标准透明地管理人工智能算法和数据使用，并不断沟通，帮助客户了解人工智能生成的结果

但是，就算对人工智能技术实施监督和管制，也会产生新的问题。

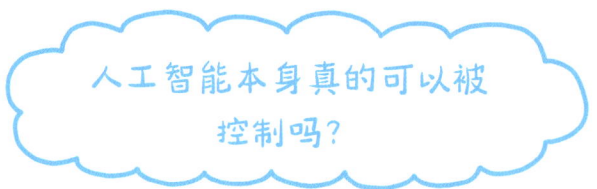

人工智能本身真的可以被控制吗？

为什么这么说呢？

事实上，人工智能最大的问题之一就是，我们不知道为什么会得到这样的结果。

我们再来看一看人工神经网络吧。

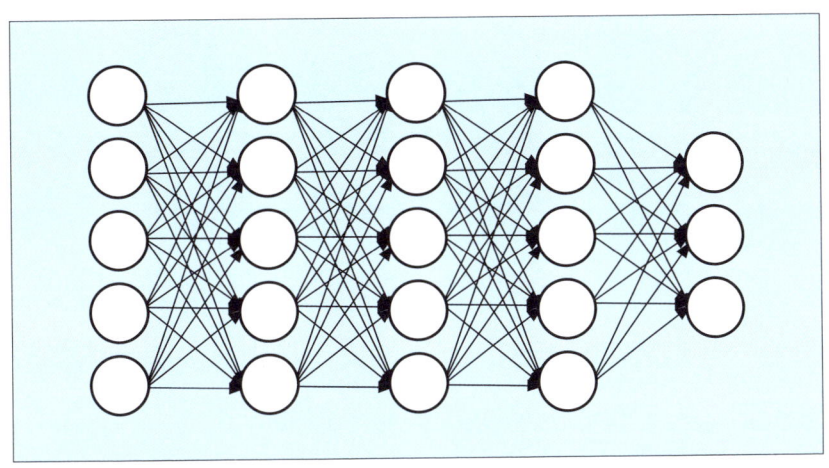

人工神经网络

前面我们了解过，在这个复杂的人工神经网络中，每个箭头（参数）都是由公式组成的未知数，对吗？

程序员最初创建这个人工神经网络时，可以编写一个公式来计算这个未知数的值。

但是，人工神经网络在自我学习的过程中会调整这个未知数的值。

但是为什么会调整，是如何调整的，连程序员也不得而知。

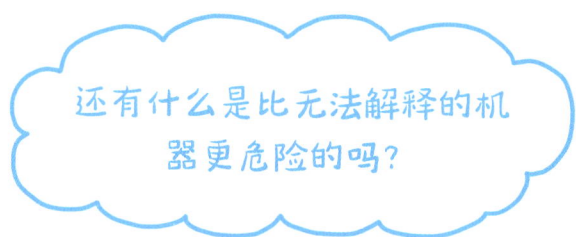

还有什么是比无法解释的机器更危险的吗？

　　一些对人工智能表示担忧的人士指出，人类可能没有意识到，人工智能已经变得比人类更聪明了。

　　这里的"比人类更聪明"不是指比某一个聪明人聪明，而是指人工智能比整个人类历史上所有的人类知识和智慧的总和还要聪明！

　　如果人工智能由于某种未知原因没有告诉我们这个事实，我们自己能察觉吗？

　　我们如何能评价比我们更聪明的存在呢？

　　而且不聪明的我们如何能预测比我们更聪明的存在的行为呢？

　　换句话说，他们担心人工智能会脱离人类的控制。

　　比我们更聪明的人工智能会放过我们吗？

就像电影中一样，机器会试图统治人类。

这就是为什么有些人甚至认为应该停止人工智能的研究。

但是我们真的应该因为这些担忧而停止人工智能的开发吗？

我们或许可以暂停一段时间，但是怎么可能永远停止呢？

前面提到的尼克·博斯特罗姆 (Nick Bostrom) 认为：

与其阻碍人工智能的发展，不如为强大的人工智能的出现做好准备。

强大的人工智能是指比人类更聪明的人工智能。

但问题是，我们应该如何应对强大的人工智能呢？

尼克·博斯特罗姆提出：

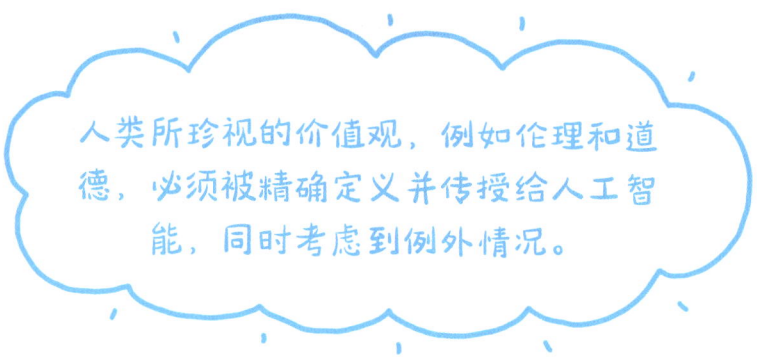

人类所珍视的价值观，例如伦理和道德，必须被精确定义并传授给人工智能，同时考虑到例外情况。

这句话是否让你开始重新思考人工智能的伦理问题？

在向人工智能传授这些人类所珍视的价值观之前，我们需要做好准备。

首先，我们人类自己就要珍视这些宝贵的品质，鼓起勇气，身体力行来捍卫它们。

只有让拥有如此宝贵品质的人类去创造和使用人工智能，才能让我们对人工智能统治人类和毁灭人类的焦虑得到缓解。

接下来，我们就可以利用人工智能解决人类面临的问题，开创更美好的未来新世界。

尾声

让我们进入更高阶!

看完本书,你对人工智能有了怎样的看法?
让我们用图形组织器来表达吧!

你在生活中接触过人工智能吗?
你知道的人工智能有哪些呢?
回想一下自己的经历吧。

我接触过的人工智能

未来，会有更多的东西与人工智能结合。
什么与人工智能结合比较好呢?
想一想你希望看到与人工智能相结合的事物，并展望一下它
们的未来吧!

我希望这些东西和人工智能结合!

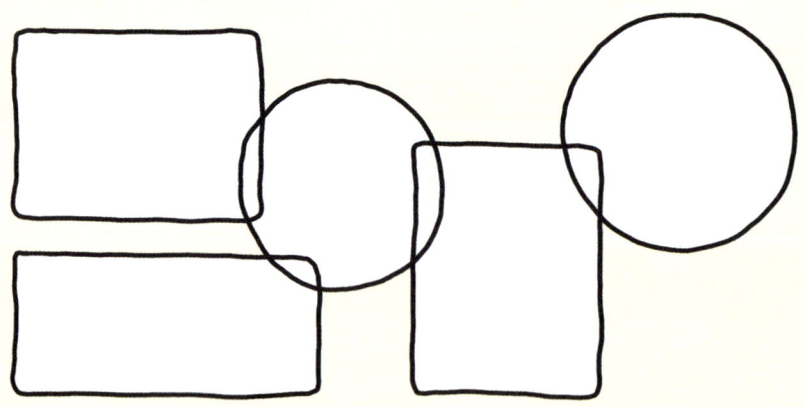

我们知道，担心人工智能发展的人也有很多。
人工智能发展带来的问题中，你最担心的是什么呢？
让我们一起思考解决方案吧。

对策 3

对策 2

对策 1

我对人工智能发展最担心的问题是

图书在版编目（CIP）数据

超燃新科技 . 人工智能 / 大视野科普，易乐文著绘 .
长沙 ： 湖南少年儿童出版社，2025. 5. -- ISBN 978-7
-5562-8191-6

Ⅰ．Z228.1；TP18-49

中国国家版本馆 CIP 数据核字第 20253NC851 号

超燃新科技·人工智能
CHAO RAN XIN KEJI · RENGONG ZHINENG

出 版 人：刘星保	总 策 划：胡隽宓　罗晓银
策划编辑：吴　蓓	责任编辑：罗钢军
文字创作：赵诚培　崔香淑	图画绘制：杰特梅麓
封面设计：FAWN	内文排版：嘉伟文化
质量总监：阳　梅	营销编辑：罗钢军

出版发行：湖南少年儿童出版社
地　　址：湖南省长沙市晚报大道 89 号　　　　邮　　编：410016
电　　话：0731-82196320
常年法律顾问：湖南崇民律师事务所　　　　　　柳成柱律师
印　　制：长沙新湘诚印刷有限公司
开　　本：889 mm × 1194 mm　1/32　　　　印　　张：4.5　字　　数：72 千字
版　　次：2025 年 5 月第 1 版　　　　　　　　印　　次：2025 年 5 月第 1 次印刷
书　　号：ISBN 978-7-5562-8191-6
定　　价：25.00 元